国家出版基金项目
NATIONAL PUBLICATION FOUNDATION

记住乡愁

——留给孩子们的中国民俗文化

刘魁立◎主编

郭俊红◎编著

第十辑 民间信俗辑

本辑主编 黄景春

皇天后土

黑龙江少年儿童出版社

序

　　亲爱的小读者们，身为中国人，你们了解中华民族的民俗文化吗？如果有所了解的话，你们又了解多少呢？

　　或许，你们认为熟知那些过去的事情是大人们的事，我们小孩儿不容易弄懂，也没必要弄懂那些事情。

　　其实，传统民俗文化的内涵极为丰富，它既不神秘也不深奥，与每个人的关系十分密切，它随时随地围绕在我们身边，贯穿于整个人生的每一天。

　　中华民族有很多传统节日，每逢节日都有一些传统民俗文化活动，比如端午节吃粽子，听大人们讲屈原为国为民愤投汨罗江的故事；八月中秋望着圆圆的明月，遐想嫦娥奔月、吴刚伐桂的传说，等等。

　　我国是一个统一的多民族国家，有 56 个民族，每个民族都有丰富多彩的文化和风俗习惯，这些不同民族的民俗文化共同构筑了中国民俗文化。或许你们听说过藏族长篇史诗《格萨尔王传》

中格萨尔王的英雄气概、蒙古族智慧的化身——巴拉根仓的机智与诙谐、维吾尔族世界闻名的智者——阿凡提的睿智与幽默、壮族歌仙刘三姐的聪慧机敏与歌如泉涌……如果这些你们都有所了解，那就说明你们已经走进了中华民族传统民俗文化的王国。

你们也许看过京剧、木偶戏、皮影戏，看过踩高跷、耍龙灯，欣赏过威风锣鼓，这些都是我们中华民族为世界贡献的艺术珍品。你们或许也欣赏过中国古琴演奏，那是中华文化中的瑰宝。1977年9月5日美国发射的"旅行者1号"探测器上所载的向外太空传达人类声音的金光盘上面，就录制了我国古琴大师管平湖演奏的中国古琴名曲——《流水》。

北京天安门东西两侧设有太庙和社稷坛，那是旧时皇帝举行仪式祭祀祖先和祭祀谷神及土地的地方。另外，在北京城的南北东西四个方位建有天坛、地坛、日坛和月坛，这些地方曾经是皇帝率领百官祭拜天、地、日、月的神圣场所。这些仪式活动说明，我们中国人自古就认为自己是自然的组成部分，因而崇信自然、融入自然，与自然和谐相处。

如今民间仍保存的奉祀关公和妈祖的习俗，则体现了中国人崇尚仁义礼智信、进行自我道德教育的意愿，表达了祈望平安顺达和扶危救困的诉求。

小读者们，你们养过蚕宝宝吗？原产于中国的蚕，真称得上伟大的小生物。蚕宝宝的一生从芝麻粒儿大小的蚕卵算起，中间经历蚁蚕、蚕宝宝、结茧吐丝等过程，到破茧成蛾结束，总共四十余天，却能为我们贡献约一千米长的蚕丝。我国历史悠久的养蚕、丝绸织绣技术自西汉"丝绸之路"诞生那天起就成为东方文明的传播者和象征，为促进人类文明的发展做出了不可磨灭的贡献！

小读者们，你们到过烧造瓷器的窑口，见过工匠师傅们拉坯、上釉、烧窑吗？中国是瓷器的故乡，我们的陶瓷技艺同样为人类文明的发展做出了巨大贡献！中国的英文国名"China"，就是由英文"china"（瓷器）一词转义而来的。

中国的历法、二十四节气、珠算、中医知识体系，都是中华民族传统文化宝库中的珍品。

让我们深感骄傲的中国传统民俗文化博大精深、丰富多彩，课本中的内容是难以囊括的。每向这个领域多迈进一步，你们对历史的认知、对人生的感悟、对生活的热爱与奋斗就会更进一分。

作为中国人，无论你身在何处，那与生俱来的充满民族文化DNA的血液将伴随你的一生，乡音难改，乡情难忘，乡愁恒久。这是你的根，这是你的魂，这种民族文化的传统体现在你身上，是你身份的标识，也是我们作为中国人彼此认同的依据，它作为一种凝聚的力量，把我们整个中华民族大家庭紧紧地联系在一起。

《记住乡愁——留给孩子们的中国民俗文化》丛书，为小读者们全面介绍了传统民俗文化的丰富内容：包括民间史诗传说故事、传统民间节日、民间信仰、礼仪习俗、民间游戏、中国古代建筑技艺、民间手工艺……

　　各辑的主编、各册的作者，都是相关领域的专家。他们以适合儿童的文笔，选配大量图片，简约精当地介绍每一个专题，希望小读者们读来兴趣盎然、收获颇丰。

　　在你们阅读的过程中，也许你们的长辈会向你们说起他们曾经的往事，讲讲他们的"乡愁"。那时，你们也许会觉得生活充满了意趣。希望这套丛书能使你们更加珍爱中国的传统民俗文化，让你们为生为中国人而自豪，长大后为中华民族的伟大复兴做出自己的贡献！

　　亲爱的小读者们，祝你们健康快乐！

二〇一七年十二月

目 录

皇天后土是什么

| 皇天后土是什么 |

传说，水神共工和火神祝融因为一件小事而吵起架来。他们越吵越凶，最后打起来了。共工被打败了，没地方出气，就向西方奔去，一头撞在不周山上。不周山非常高，是支撑天空的四大支柱之一。糟糕的是，经共工这么一撞，不周山竟然被撞断了。天边"轰"的一声巨响，碧蓝的天空突然出现破裂，露出一个大洞。天破了，接着又是闪电，又是打雷，大雨从破洞里直浇下来，大地上到处都是洪水。这时候，地面也震动着，逐渐往下陷，陷进四处奔流的洪水里。人们害怕极了，有的爬上树顶，有的爬上高山。

失去了住所的人们可怜极了，虽然爬到树上、山上，可是树的上空盘旋着凶猛的老鹰，山上有吃人的恶虎，那越涨越高的大水，更是随时可能把他们给卷走。看到自己亲手造出来的人类遭遇这样的危险，女娲心里非常着急。要把破了洞、不断漏水的天空补起来并不容易。女娲去河边辛苦地收集不同颜色的石头，堆得像山那么高，然后又收集很多芦苇来生火，焚烧那些五颜六色的石头。这样烧啊烧，一直烧了九天九夜，这些石头渐渐熔化了，女娲就用熔化了的

| 伏羲女娲 |

郭俊红 摄

石头来补天空的破洞。好不容易把破洞补好，雨水终于停了。女娲虽然累得浑身酸痛，但仍然不敢停止工作，继续用烧石头的芦苇灰，慢慢地把有积水的地方都填补起来，好让人们能在平坦、干燥的地面上重整家园。

天补好，地填平，可是断裂的四大天柱之一——不周山，却没办法修理好了。从那时起，天地开始有些倾斜，所以河川都向东南流，太阳、星星、月亮都往西边走，直到今天仍是这样。

在神话中，女娲是每一个中国人的妈妈，她用泥土造人，又炼五色石补天，消除灾难，让人类得以幸福地生活在天地之间。那么，天和地是什么样子的呢？在古人看来，天就像一把撑开的圆形大伞，覆盖在人们的头顶，而地就像一个方形的巨大棋盘。天和地之间用绳子绑住，四周用八根柱子支撑着——共工生气的时候就是把其中一根柱子撞坏了，于是女娲娘娘才不得不炼五色石补天。

如今，我国多地都流传着关于女娲抟黄土造人及炼五色石补天传说的遗迹，如：陕西潼关女娲山、河南济源邵原镇、淇县灵山女娲宫、河北涉县娲皇宫、山西晋城女娲氏炼石处、平定东浮化山、长治天台山等。天台山位于山西长治西南，又名望儿台。天台山的山峰酷似馒头，本地相传为女娲炼石补天时，将鞋内积土磕在此处而成，俗名"无影堆"。传闻每年夏至这一天，不论是日出东方的凌晨，还是烈日炎炎的正午，或是夕阳西下的薄暮，山上任何一个位置都没有暗影，"日出入胥无影"被誉为天台山一大奇景。明代有诗人专咏其事：

罩怀倒影最为奇，无影于今复见前。

晓日平铺融岭碧，斜阳四射转阴迟。

不妨鸣雨铿林叶，岂作飞峦蔽野曦。

世俗相传天是补，娲皇炼石有谁知？

随着见识的增长，人们对天与地又产生了新的疑惑，支撑天伞的伞柄在哪儿呢？捆绑天与地的绳子拴在哪里呢？问题越来越多，但是又解决不了，于是人们对天与地就有了另外一种想象：

在很久很久以前，世界上没有天，没有地，没有山峰，没有河流，看不见花和草，更没有虫鱼鸟兽的踪迹，到处都是迷茫灰暗的一片。那时候，不但听不到野兽的吼声，就连小虫的叫声和风吹过树叶的沙沙声都听不见。

过了很久，从一个浮悬着的像鸡蛋般椭圆的东西里面传出了"怦、怦、怦"的心跳声，慢慢地，这声音更清晰了，心跳的节奏也更强劲了！原来，这里面藏着世界上的第一个生命——盘古。他在这"鸡蛋"里足足睡了一万八千年。他在里面慢慢地长大，现在终于要醒过来了。

盘古伸展粗壮有力的手臂，又活动蜷曲了好久的双脚，慢慢地睁开了眼睛。这世界除了灰茫茫的一大片，什么也没有。盘古站了起来，世界又暗又湿，真是不舒服！他想："这么昏暗的世界，一定要设法改变它才好！"于是，他仔细辨别了身外的情况，发现整个世界是由明亮和灰暗两种不同的气体混合在一起的。他用手拔起明亮的气体，使它上升为"天"，黑暗的气体就下降为"地"。一下子，天地之间露出一小片清朗的世界，盘古看了很满意，点点头说："这才舒服些。"

可是，天和地的距离实在太近了，明亮的气体和黑暗的气体非常容易混合在一起。盘古只好再想办法要把天地远远地分开，才能保留住这片清明的世界。不过，分开天地却是一件十分艰难的事情。盘古先用厚实的肩膀，牢牢地顶住天，再用双脚稳稳地踩住大地，以全身的力量撑住一直想连在一起的天地。每天，盘古的身体生长一丈，天就被他顶高了一丈。就这样不眠不休，盘古工作了一万八千年，天和地终于被远远地分开了九万里，再也不会连在一起了。

盘古工作了这么长时间，累极了！他巨大的身躯倒在自己开创的大地上。又粗又重的气息从他的鼻孔中喷出来，变成了飞扬的风云。挣扎的喘息声传到云端变成了隆隆巨雷。他的眼睛越来越模糊，汗水沿着脸颊不停地流下来，变成了润物无声的雨水。他的头发飞上云端，变成数不清的星星，让天空和大地一样宁静而美丽。他的双眼也升到高空，左眼变成了太阳，右眼变成了月亮。他强壮的肌肉变成了肥沃的土地，身上奔流的血液化成千万条河流，手脚变成高高的山峰，皮毛化成了山上茂密的森林，牙齿和骨骼沉到地底，变成宝贵的珠玉金石。

至今，我们还在津津乐道于盘古把混沌如鸡蛋的世界一分为二的故事，称赞这是"开天辟地的壮举"。这种"天地混沌如鸡子"的观点是我们人类对于天地的另外一种认识，其中最著名的代表人物就是我国东汉时期著名的天文学家张衡，据说，他依此制造出了浑天仪，用以观察日月星辰的运行规律，方便人们的生产生活。

这种认识解决了人们对

于"捆绑天地的绳子在哪里"的困惑，但同时又带来了新的烦恼。

春秋时期的杞国，就有一个人整天担心天塌下来或者地陷下去怎么办。他想，如果那样的话，自己就无处存身了。邻居听说他的烦恼之后就安慰道："天是一团聚在一起的气体，而天底下没有一个地方是没有气体的，如此看来，天是不会掉下来的。"杞人又问："天既然是气体，那日、月、星、辰会掉下来吗？"他的邻居回答说："日、月、星、辰只是气体中会发光的东西，即使掉下来，也不会对我们造成伤害。"杞人说："如果地陷下去怎么办？"他的邻居又回答说："地是堆积的土块，没有什么地方是没

有土块的，你整天都在地上活动，怎么还担心地会陷下去呢？"听完邻居的安慰，杞人这才放下心来，不再担心天塌地陷的问题。

天和地形成之后，人类寄身于其间，头顶一片天，脚踩一方土。日、月、风、雨、雷、电以及山、川、林、谷就像爸爸妈妈一样每时每刻影响着我们的生活，于是人们亲切地称呼天为"父"、地为"母"。认为上天就像谦谦君子一样运行有道，自强不息；而大地就像温润女子一般宽厚和顺，容载万物，即所谓"天行健，君子以自强不息；地势坤，君子以厚德载物"。要求我们"敬天敬地敬父母"，也就是要像对待自己的双亲那样珍爱天地。

后来，人们对天与地的认识更加深入，认为宇宙混沌就是天地相交汇的状态，天与地无法区分，当天与地分开时，二者就分别具有了不同的属性，清气腾而上升为天，浊气降而下落为地，天在空间中处上位，性格刚健，被认为具有男性的品格，即阳性；地在空间中处于下位，性格温厚，被认为具有女性的品格，即阴性。天与地就像人间的男与女一样，成为最和谐的自然组成部分。

秦汉以后，"天圆地方""天阳地阴""天父地母"就逐渐成为中国人对于天地的固定认知。并且他们认为上天生养百姓，创造万物，定下宇宙运行的法则，具有无可比拟的功绩，只能用"皇"来赞美它，俗称"皇天"；土地在皇天的普照下，载育万物，只有"皇天"才可与其媲美，被百姓尊称为"后土"。于是人们将"皇天"与"后土"并称，表达对天地的无限尊崇。

皇天后土的人格化

| 皇天后土的人格化 |

天的人格化

人们常常会说"苍天在上""老天有眼""天生我材必有用"这样的话语，这些话语中的"天"指的就是自然的天，表达了人们对天的自然崇拜，他没有性别、品貌、性格、权力，只是一个客观的存在物。这种把"天"当作客观存在物的认识是人们对于天最早的看法。

对于中国老百姓而言，"尊天亲地"的情感源自于人们企盼农业丰收，进而享受安居乐业的生活。但是农业丰收需要很多外在条件的协作运行，于是皇天就被认为是天上的"天神"，被尊称为皇天上帝，他创造并且支配着日、月、星、风、雷、雨、电等的发生与消失。西周以后，人们对于"天"的认识发生了变化，觉得天行有道，它的各种变化应该是受一种规律支配的，大家把这种规律称作"天帝"，天帝和自然的天是一物两体的关系，人们尊称他为"昊天上帝""皇天上帝"。人们认为，它具有超自然的力量，不仅可以支配风、雨、雷、电等自然现象，还可以主宰人间祸福、生死、寿夭、吉凶，是自然界和人世间的最高神。

两汉及魏晋时期的人们对天帝有了新的认识与思考。首先，大家觉得天帝太孤单了，于是就想象出许多臣子、随从每天围绕在天帝周围，他们一起居住在天宫，相互照应着；其次，人们认为天帝与大臣们分别干着不同的工作，大臣们是天帝的属下，听候天帝的派遣；再者，天帝的形象越来越社会化、人格化，他时而懦弱，时而吝啬，时而仁厚，时而跋扈，就像生活在大家身旁的老者，行为古怪，有时候还会遭到别人的讥笑与嘲讽。当时有一个小故事就说天帝是织女的父亲，他看到织女每天都在织布机旁辛苦劳作，织漂亮的彩云，很心疼她，觉得辛劳工作的女儿太孤单了，于是就自作主张把女儿嫁给了河西的牵牛郎。河西的牵牛郎是个穷小子，有一次他向自己的丈人借了一笔钱，但是无力偿还，吝啬的天帝一怒之下就把织女带回家，再也不让女儿与牛郎见面了。

这一时期，人们觉得天帝不是一个人或者神，而是一个工作岗位，只要符合条件的成年男性都可以在这个岗位上工作。传说当时有个叫周兴的人死了之后，上天见到了天帝。他问旁边的侍者，现在的天帝是不是姓张？旁边的侍者回答说，现在这位天帝不姓张，而是姓曹。可见"天帝轮流坐，明年到我家"，在古人看来也不是不可能的事情。

到了唐代，天帝经历了一场李代桃僵的闹剧，天帝不再是一个轮流上岗的职位，而成为张坚的个人职业，从此天帝只能姓张，再无他姓了。那这其中经历了怎样的变故呢？

原来人间有一个叫张坚的小混混，有一天他张网捕雀，抓到了一只白雀，喜欢得不得了，就把这只白雀供养起来。居住在天宫的刘天帝听闻白雀在张坚手里，就托梦责怪他，还想要把他杀死。几次危机中，张坚都在白雀的帮助下转危为安。最后，气急败坏的刘天帝亲自下凡捉拿他，张坚知道后，就设宴盛情款待刘天帝，酒酣耳热之际，张坚偷偷溜出去，坐上天帝的天车就上天去了。刘天帝酒醒之后，不仅找不到张坚，还发现自己的御驾被偷，且自己已经无

法升天了。张坚升天之后，装模作样地做起了天帝，并且把刘天帝上天的通道全都堵塞了。刘天帝上不了天，大家只好认张坚做天帝，从此天帝就改姓张了。那刘天帝非常懊恼，就在人间兴风作浪，祸害百姓。张天帝自知理亏，就封刘天帝做泰山太守，主管人的生死祸福，刘天帝虽然非常委屈，但也只好作罢。

地的人格化

在古人的观念里，"天"自始至终都被想象成一位尊贵的男性，而对土地的想象却非常丰富，性别、社会地位、身份等都经历了曲折的演变。首先，古人把滋养万物的土地尊称为"后土"，即"地祇"，五岳、山川、林泽、四方之神……这些实

物都存在于大地之上，但它们背后都受"无形之物"的支配，人们对这种无形的力量既好奇又害怕。后来，人们对这种力量进行了大胆的想象，认为它应该是一位生育能力非常强的女性，比如用黄土造人的女娲，她不仅可以造人，还可以造出世间万事万物：

话说自从盘古费了好大力气把天地开辟了以后，天上有了太阳、月亮和美丽的星星，地上也有了平原、山岳、河川和各种动植物，但却单单没有人的踪影。这时候，有位女神住在地上，她的名字叫女娲。女娲有很大的法力，可以凭空变出许多东西。可是，她每天行走在大地上，仍然觉得很无聊，很寂寞。

这天，她来到河边，正要俯身喝水，却从平静得像镜子一样的水面，看到了自己的倒影。女娲眨眨眼，水面上的脸也眨眨眼。女娲笑起来，水面上的脸也笑起来，女娲注视着水面，忽然叫道："对了，地面上缺少的就是这个，我应该造出很多这样的东西，使世界变得更可爱、更热闹。"

女娲立刻开始动手，她顺手拾起地上的泥块，加了一点水，又捏又揉，慢慢地，泥团中出现了一张可爱的有眼睛、鼻子、嘴巴和耳朵的脸。女娲高兴极了，工作得更起劲，她又替它加上了双手和躯干。在准备为它装一条尾巴时，女娲犹豫了一下，心想："光靠一条尾巴走路实在不太方便，还是替这小东西装两只脚，既可以跑，又可以跳，多好。"女娲终于把这个小东西做好了。她向它轻轻吹了一口气，说来也奇怪，那泥做的小东西竟然活了。小东西在地上挥舞手脚，又跳又笑，并且用模糊的声音向女娲叫道："妈妈——"

女娲很高兴，心想："就把这可爱的小东西叫作'人'吧。并且光做一个是不够的，我得赶紧做出更多，使得这世界到处都是人。"就这样，一个个泥人从女娲的手中诞生，十个、一百个、一千个……他们都快乐地跑开了。女娲工作得腰酸背痛，可是人的数目还是不够多，怎么办呢？休息时，她随手扯了一块白云变成一根长长的藤蔓。她挥舞手中的藤蔓，抽打河边的泥水，千万点的泥水便在空中飞溅起来，在阳光的照射下闪闪发亮。女娲喊道："变！"奇怪的是，当千万颗明亮的泥水落到地上时，就真的变成了千万个人。女娲用这新方法造人，比刚才要方便省力多了。这样，地面上四处就都有了人的踪影，女娲再也不觉得寂寞了。她常常和人在一起，教人们做乐器、学唱歌，并且教男人和女人结婚、生小孩。这样，人类

｜山西临汾女娲塑像｜

郭俊红　摄

就可以永远快乐地生活在这个世界上了。

在远古时代，由于女性是当时社会的主要劳动者，采摘果实、培育种子都是女性的工作，所以最初的土地神就被想象为女性，历史上殷商的始祖简狄、周的始祖姜嫄等女性始祖神都曾经被她们所属的部落尊为土地神，女娲就是中国的第一位大地母亲之神。

随着社会的进步，人们对后土的认识又发生了变化。这种变化我们大体可以把它分为两条路线，第一是关于后土本身的变化；第二是在后土的基础上衍生出的社神，社神又分化出"官社"和"民社"，我们大家非常熟悉的土地公公就是由民社发展来的。那么它们具体的变化是怎样的呢？

首先，后土被认为是一个神名，他的主要职能就是主管土地，通常情况下，人们认为这个土地神的名字叫句龙，他是共工的儿子；其次，后土又被认为是一个神的名字，相传他的父亲叫共工，共工本领很大，他撞断不周山，导致天地倾斜，洪水泛滥。他的儿子后土和他的本领一样大，不过就是平整了那些被洪水冲坏的土地，让人们重新过上安居乐业的生活。不过不管后土是神职名称还是神话人物的名字，他都与我们生活的土地息息相关。

殷商时期，商汤率军攻打夏桀时，先要祭告后土以求出师顺利。武王建立周朝也要祭告后土，以证明国家

政权的合法性。后土与皇天相匹配，是高高在上的神灵，只有皇帝才有资格祭祀，百姓祭祀后土是触犯僭越之罪的。汉武帝时，朝廷内部发生了争执，大家都不知道该去哪里祭祀后土，大臣们都据理力争，谁也不服谁。这时候，有一个在河东（今山西南部）做太守的人对皇帝说，在其辖区内濒临黄河的汾阴地区（今山西万荣县）发现了一个宝鼎，这是国泰民安的祥瑞之兆。听到这个消息后，陪在皇帝身边的一个道士对皇帝说，汾阴是中国的中心，也是众神仙居住的地方，发现宝鼎的那个地方则更加神奇，是汾河水与黄河水交汇的地方，这个地方才应该是祭祀后土的理想之地。汉武帝觉得他的话有道理，于是不仅在此举行了声势浩大的迎鼎仪式，还把这片高耸的土地尊称为"脽"（shuí），并在这里修建了专门祭祀后土的神庙——后土祠。公元前113年，汉武帝刘彻率领群臣到河东郡汾阴县祭祀后土，时值秋风萧瑟，鸿雁南归，汉武帝乘坐楼船泛舟汾河，饮宴中流，触景生情，感慨万千，挥毫写下了著名的《秋风辞》：

秋风起兮白云飞，草木黄落兮雁南归。兰有秀兮菊有芳，怀佳人兮不能忘。泛楼船兮济汾河，横中流兮扬素波。箫鼓鸣兮发棹歌，欢乐极兮哀情多。少壮几时兮奈老何！从此以后，各朝皇帝都到这里祭祀后土，并且是皇帝亲自祭祀，别人是不许的。

东汉时期，后土又发生了变化，其地位和权限都逐渐缩小，由土地之神转变为

幽都之神，成为与阴间或死者有关的土地之神。在吴地（今扬州）成为专指坟墓旁边所祀的土地神。当时的人们在临死之前向后土购买土地，建造坟墓，以保证死后对墓地的所有权。在唐代已经有了后土司掌坟墓土地的明确记载。那时，百姓营建坟墓，先在选定的墓地周围立标杆，再摆设酒席祭告神灵，请后土保佑，然后才动工建墓。这项习俗延续至明清时期，形式变成了在亡者墓地设立约二尺高的石碑，上书"后土"二字，加以祭奠，祈求后土神保佑死者亡魂。死者入土安葬时，同样要先祭祀墓地后方的后土，认为死者的灵魂从此便可以得到后土的庇佑与照顾，还可以影响死者子孙的生活与命运。如今，在墓葬后面设后土神位的习俗随着各地华侨已经进入异国他乡，成为华人认同的重要标志之一。

从西汉武帝至唐之前，汾阴后土祠里供奉的后土神与后世有很大的不同。在唐代，汾阴后土祠里的后土就成为妇人。女皇武则天觉得一个人挺孤单的，便把河西梁山神的塑像移至后土祠庙

｜厦门同安墓地里的后土神位｜
王素珍 摄

内，让其与后土朝夕相对。自唐之后，后土以妇人形象出现在世人面前，民间多俗称其为"后土娘娘"。

北宋政和年间，徽宗皇帝封后土为"承天效法厚德光大后土皇地祇"，让其享受与玉皇大帝同样的祭祀礼仪规格，从官方角度确认后土神是女性的事实，后土

| 祭祀后土 |
樊永福 摄

逐渐变身为一位执掌阴阳生育、万物之美与大地山河之秀的女神。

从宋代开始，后土神与普通百姓生活的联系更加紧密，全国各地道观专门建有后土祠，民间也多修建有后土娘娘庙。在漫长的历史演变过程中，后土从土地神灵逐步演变为司职土地、保佑

农业丰收、掌管生育、主宰地狱的神灵。

后土祠指古代皇家祭祀后土的场所。现存于晋南万荣县荣河镇庙前村的后土祠，即我们所谓的"汾阴后土祠"。它是明清之前历代帝王祭祀后土神灵的祠庙，是华夏之内的后土祖庙。汾阴后土祠的后土神分为施药娘娘和送子娘娘，当地百姓于每年农历三月十八到后土祠祭拜后土娘娘，求药治病，拔花求子，即久婚不育的夫妻共同到后土祠祭祀以求子嗣的习俗由来已久。具体做法是在后土娘娘神像前跪拜上香，然后把自己的姓名、住房方位、村名告诉娘娘，许愿磕头后在神像前的花架上拔花。花架上有三种花：一种是黄蕊红瓣的花，主生男；一种是红蕊黄瓣的花，主生女。取花要取风吹蕊动

者，以为这样的花灵验。回家时要手拿几根点燃的香，

在回到家之前，必须保证香一直燃烧着，认为只有这样才可以将后土娘娘的灵气带回家，也是取"香火不断"的喻义。把拔到的花带回家放到媳妇的床头就可以得到后土娘娘的恩泽，媳妇就会像开花结子一样，怀上孩子。

从昊天上帝到玉皇大帝

| 从昊天上帝到玉皇大帝 |

古代，人们把天人格化之后加以崇拜，尊称其为昊天上帝。至唐代，国家举行的祭天大典皆以祭祀昊天上帝为主。当时统治阶层垄断了祭祀天地的权力，普通百姓虽对天地心怀感念，但却无权祭祀。善良的百姓心有不甘，就重新塑造了一位新的神灵来代替昊天上帝，对其祭祀表示感谢，这就是我们现在非常熟悉的玉皇大帝。

现在，玉皇大帝被认为是中国民间信仰中权力最大、地位最高的神灵，但实则不然，这种观念出现的时间并不久，且与东汉末年我国本土宗教道教的兴起有关。当时，宦官专权，国家混乱，民生多艰，人们在感叹现实生活无望时，纷纷寻求精神寄托，道教教义中描绘的上天神仙世界被世人称羡，逍遥自在的神仙生活更被世人追求。

在道教的神仙谱系

| 居中者为玉皇大帝 |

郭俊红 摄

中，主神元始天尊有两位属下——玉皇道君、高上玉帝逐渐引起人们的关注。他们的地位并不高，玉皇道君位于玉清三元宫右位第十一位，高上玉帝排在第十九位。为何他们会引起人们的注意呢？这与我国古人对玉的喜好有直接关系，他们认为玉象征着纯洁与清净，且认为食玉可以长生，所以他们

用"玉"字来称呼仙界的人与物。

魏晋南北朝时期，这两位神仙的名讳满足了人们对神仙生活的所有想象，于是他们被更多的民众所熟悉，他们的神职、地位等被当时的人重新改写，两位道教神灵逐渐与昊天上帝融合，被合并为玉皇大帝。唐代时，人们已经习惯用玉皇、玉

| 山西介休后土庙三清观 |

帝称呼天帝，日久天长，约定俗成，民间信仰中的天帝和道教诸神中的玉皇合二为一，其宫殿、仪仗、权势、作用皆与人世皇帝相差无几。

公元 1004 年，北方的辽国南侵中原，宋军在败退之中与辽方订立了"澶渊之盟"，双方不仅以兄弟相称，且北宋政府还需每年向辽国纳银交绢，这种盟约对于一向以"天下之中"自居的宋人而言简直就是耻辱。为了稳定民心，宋真宗便制造了"天书事件"，借以巩固赵宋政权的合法性。借此事件，宋皇把民间信仰中的玉皇正式列为国家的奉祀对象。百年之后，宋徽宗再次抬出玉皇缓解政治压力，将玉皇与传统奉祀的昊天上帝合为一体，上尊号为昊天玉皇上帝。

魏晋南北朝之前，玉皇与高高在上的昊天上帝完全是风马牛不相及的两个神灵，玉皇只不过是道教中地位低下的小神。魏晋时期，随着道教的普世化，玉皇的地位逐渐上升，被越来越多

|山东青州井塘村玉皇挂像|
叶涛 摄

的人所熟悉，但是他与官方祭祀的昊天大帝之间的关系还是很清楚的，玉皇是属于民间和道教的神灵，昊天大帝则是属于国家祭祀的神灵，两者的地位不可同日而语；北宋皇帝将玉皇与传统奉祀的昊天上帝合为一体，玉皇也因此进入了国家祭祀系统，至此，国家、民间、道教三方面的信仰正式合流，玉皇成为宇宙间最高的神灵，尤其是普通百姓，仅知玉皇，而不知昊天上帝为何物了。

明清之时，玉皇逐渐脱离国家祀典和道教经典的束缚，成为至高无上的天神，总管三界十方，被尊为大天尊。明清时有俗语："天上

|西安织女寺玉皇像|

郭俊红 摄

有玉帝，地上有皇帝。"玉帝统辖天神、地祇、人鬼，实为天上的皇帝，是专制皇权在鬼神世界中的象征。随着对玉皇大帝的进一步世俗化，他已经不仅是宇宙间地位权势最尊贵的神灵，还组建了自己的家庭——他与王母娘娘共同养育了七位美丽的仙女。他们一家人都心地善良，经常赐福给人间的善男信女。

在正统道教神谱中，玉皇大帝与王母娘娘并非夫妻关系，但在民众的认知中却说两人是夫妻关系。王母娘娘又称西姥、王母、金母和金母元君，她是先天阴气凝聚而成，是古代神话中掌管不死药、罚恶、预警灾劫的长生女神。在道教神话中，西王母是女仙的首领，主宰阴气。是生育万物的创世女神。现多传为婚姻、生育、保护妇女的女神。明清时期，王母娘娘在中国民间的地位非常高，影响遍及整个中国。清朝的竹枝词集《都门杂咏》中有一首《蟠桃宫》曰："三月初三春正长，蟠桃宫里看烧香；沿河一带风微起，十丈红尘匝地飚。"

王母娘娘之所以如此受到中国民间的信仰崇拜，是因为她有不死之药，能使人长生不老。中国民间不仅认为王母娘娘握有不死之药，而且还赐福、赐子、化险消灾。尤其是她的仙桃——蟠桃威力更大。蟠桃乃仙树仙根，其中三千年一熟的，人吃了成仙成道；六千年一熟的，人吃了长生不老；九千年一熟的，人吃了与天地齐寿，与日月同庚。《西游记》中曾写到王母娘娘要于三月初三自己的诞辰日那天举办盛大的蟠桃会，并邀请各路神仙前来赴会。齐天大圣孙悟空从仙女口中探听到自己竟不在受邀之列，一怒之下，他大闹蟠桃会，把王母娘娘精心策划的盛会搅得一塌糊涂。别的不说，那些被糟蹋的仙桃真是可惜了。

从后土到社神、土地神

| 从后土到社神、土地神 |

中国古人对"天"的崇拜经历了一个大变身——从昊天大帝到玉皇大帝;对"地"的认识则更加曲折,它经历了"分身"变化,一分为三——后土、社神和土地神。

对于土地的信仰都源自土地滋养万物的特点。在古人的观念里,甚至土地本身就可以自己生长、不断膨胀,它的名字叫"息壤"。

传说上古时期,发生了一场大水灾,到处一片汪洋,庄稼不能种,人们没吃没喝,还经常受到野兽的袭击,死伤很多。崇氏部落的首领名叫鲧,是黄帝的孙子,他看见人们遭受这样的灾害,非常难过,决心要把人们从苦难中拯救出来。他请天帝将洪水收回,天帝不但不答应,还把他大骂一顿,说他多管闲事。鲧受到斥责并不难过,难过的是听到从远处传来人们痛苦的呼号声和绝望的求救声。救人要紧!鲧决定用自己的力量去平息洪水。但是普天之下全是洪水,从哪儿下手呢?鸱鸟和神龟知道情况后,对鲧说:"这事不难,只要有'息壤'就行。"这句话提醒了鲧。鲧想到息壤的威力,立刻高兴起来。

息壤是天帝的宝物,鲧知道天帝把它藏在昆仑山的行宫里，从不肯给别人。怎样才能弄到手呢？鲧决定去偷息壤。神龟和鸱鸟焦急地说："不行！万一被天帝知道了，你要受到惩罚的。"鲧却决心很大，不怕遭受惩罚，立即向昆仑山赶去。鲧来到昆仑山下，那里有一个很深的环山湖，叫"弱水之湖"，鸟毛掉进去都浮不起来。鲧救人心切，变成一条蛟龙似的玄鱼，冒险渡了过去。过了湖，还得过一座燃烧着大火的山。鲧变成一匹白马，从火焰上一跃而过。他的身上被火灼伤了多处，却毫不在意，继续向高峻的昆仑山上走去。鲧爬到半山，迎面扑过来一只怪兽。鲧知道这吃人的怪兽叫土蝼，连忙拔出剑来，这时，又听到"嗡"的一声，身后飞来一

只毒蜂，谁要是被它蜇了，马上便会死。鲧见前后受敌，心中一惊。谁知见到毒蜂飞来，土蝼掉头就跑。毒蜂只管去追赶土蝼，并没有来伤害鲧。鲧暗暗叫声"好险"，他见山坡上都长着仙果，而这些仙果对人类有用处，便一面爬坡一面采摘，准备带回人间去。

天帝的行宫总算到了。鲧见守门的是威风凛凛的神兽，不敢莽撞，便隐藏在云中，考虑对策。鲧知道管理这座行宫的天神叫陆吾，便变成陆吾的模样，瞒过神兽，走进宫殿里去。替天帝管衣服用具的小鸟"鹑"，也把鲧当作陆吾，向他点头问好。鲧又过了这一关后，便闪进藏放息壤的密室，拿到了息壤，不禁高兴地叫道："人

们有救了！"他不敢逗留，迅速走出宫门，避开神兽，恢复了原形。他下了昆仑山，越过炎火之山和弱水之湖，终于回到人间。

鲧立刻抓起一把息壤向洪水中抛去。只见那生长不息的泥土，立刻像一道铜墙铁壁似的，真的把洪水挡住了。那泥土越生越多，堆成山、积成堤，汹涌的洪水逐渐被制服了。人们从树上爬下来，从山洞里走出来，枯瘦的脸上展露出久违的笑容。鲧又把从昆仑山上采来的仙果分给人们，人们吃了，有病的人病好了，瘦弱的人变健壮了。于是，人们拿起刀斧，斩荆棘、砍树木、开垦荒地。拿着弓箭戈矛，去打野兽、赶鸷鸟，开始忙着重建家园。哪里洪水还没有退去，鲧就赶到哪里，不停地抛息壤，堵塞洪水。

再说天帝知道此事后大发雷霆，即刻派火神祝融去抓鲧，要求他务必夺回息壤。祝融找到鲧，宣布了天帝的命令。鲧对祝融说："我可以同你去见天帝，但请不要把息壤拿走。"祝融假装答应了。但当祝融把鲧结结实实地捆好后，便立刻翻了脸，夺走了息壤。息壤一拿走，洪水卷土重来，人们又被逼得爬山上树，一片凄凉景象。

天帝要杀一儆百，特地把所有的神都叫来，当众惩罚"叛逆"的鲧。鲧却一点儿也不惧怕，反而理直气壮地走进来跟天帝据理力争。天帝大怒，抓起虎骨做的鼓槌，向夔鼓猛地一击，顿时山鸣谷应，天地变色。

满殿的神都惊慌失色，独有鲧神色自若。天帝一咬牙，吼道："杀！杀！杀死你！"鲧镇定地说："死也吓不倒我！"天帝手一挥，祝融立刻把鲧押走了。

鲧被祝融杀死在荒凉的羽山上，可他壮志未酬，心不死，魂不散。他想到人们还浸在洪水中受苦，无论如何不能安静地长眠。

他的心在黑暗的羽山上闪烁着光芒。他听说西方有巫师，能令他起死回生。于是，他化成黄熊，越过千山万岭，到西方去找巫师医治。鲧到了西方的灵山，找到了巫师们。巫师都畏惧天帝，谁也不敢给他医治，叫他去东方请教别人。谁知东方的巫师也不敢得罪天帝，不肯给他医治。从来不流泪的鲧，这时流泪了。他哀号道："千万人民还浸在洪水里，我怎能死去呀！"一个巫师感动了，他不敢公开把鲧治活，却悄悄地对鲧说："一个生命死了，另一个新的生命会来代替他，完成他未完成的事业。"鲧受到启发，便拭干眼泪，回到羽山后，用全部的精力孕育出一个新的生命来代替他完成治平洪水的工作。这个新生命就是禹。

关于后土，上文已经介绍过了，下面主要介绍社神和土地神。

社神和土地神的形成与发展都与古人认为土地可以繁衍生殖有直接关系。

社神

在所有与土地相关的神灵中，土和谷对人类生活最为重要，但是土地广阔，谷物繁多，它们不可能都受到尊崇与祭祀，于是就在有些地方"封土为社"，设立庙坛，这就是社祭（也被称为社祀）。"社"的雏形可分为土社、石社、树社等多种形态，最原始的社为树社或丛社，以后再筑土或垒石为祭坛，又立石为神主。与以女性面目出现的土地神不同，社神从一开始就是以男性形象出现，并且随着农业生产技术和水土治理技术的发展，那些对人类农业生产做出重要贡献的男性就理所当然地被尊奉为社神，治水的禹就是其中之一。

| 山西介休后土庙正殿 |

尧当王的时候，中原地区洪水泛滥，无边无际，淹没了庄稼山陵和房屋，人们流离失所，大家只能背井离乡。在这种情况下，尧决心要消灭水患。于是就开始寻访能治理洪水的贤人。禹的父亲鲧被大家推荐为治理洪水的能人，但收效甚微，后来大家又向舜推荐鲧的儿子

|阳城县汤王塑像|

郭俊红 摄

禹治理洪水。舜并没有因为禹是鲧的儿子而轻视他，反而把治理洪水的重任交给了禹。禹是一个贤良的人，他不计前嫌，没有记恨舜流放自己父亲，而是欣然接受了这一艰巨任务，并且暗下决心，一定要治理好水患。舜考虑到洪水太大了，还派了伯益和后稷做禹的助手，与他一起治理洪水。当时，禹才刚刚结婚，但是他毅然离开自己的妻子，与助手一起去远方治理洪水。禹左手拿着准绳，右手拿着规矩，改变了父亲堵截治水方法，采用疏导治水的新方法，让水顺利地东流入海。经过十三年的时间，他不仅治理了洪水，还治理了九州的土地，该疏通的疏通，该平整的平整，使大水淹过的地方变成

肥沃的土地，让人们又过上了富足的生活。

先秦时期，那些古代英雄人物被越来越多地尊奉为社神，神农炎帝、尧、舜、商汤等都在不同地区被视作社神。

成汤是殷商的开国君王，他在位期间曾经遭遇大旱，一连九年滴雨不下，百姓颗粒无收，生活很是艰难。商汤（即成汤）见此情景，就开始沐浴斋戒，剪去头发指甲，披上白茅草，素车白马，到桑林之野自为牺牲祷雨。他不仅以六件事情反省自问，还祈祷上天不要因为自己的错误而殃及天下百姓。商汤自我牺牲为天下苍生祷雨的行为感动了上苍，终于天降大雨，纾解了民困。于是在山西东南有些地区至

|树社|

王素珍　摄

今还把商汤奉为社神，于每年春秋时节进行盛大的社祭活动。

社神在周代也发生了分化，有官社与民社之分。官社是指封建帝王祭祀的社神，而民社是民间普通百姓以百户为单位进行的祭祀。

社神的职权范围有严格的限制，里社之内的百姓在每年春耕、夏耘、秋收、冬藏之时，各办三牲花果，到社神庙祭祀，以保四时清洁，五谷丰登，六畜茂盛。明太祖建都金陵之后，将社祭与稷神祭祀合二为一，由原来的祭祀四次改为两次，时间集中在春秋时节，即春祈秋报。随着封建里社制度的解体，社神祭祀也逐渐退出了历史舞台。

土地神

土地神，又称土地爷爷、土地公公。他的变化也不是一帆风顺的，其间的波折也很多。汉晋之际，伴随着道教兴起、佛教东传，土地神出现了真正的人格化。民间开始出现了由具体人物充任土地神的现象，一些普通官吏，甚至普通百姓成为土地神。当时最著名的土地神是蒋子文，传说他是东汉末年的广陵（今扬州）人，为人风流倜傥，活着时就常常对别人说自己死后会成为神灵。后来，他追逐强盗至钟山（即紫金山）脚下，战死后被葬在当地。孙吴初年，有人在大道上看见手执白羽扇、胯下白马，已经成神的蒋子文。他对见到他的人说自己成了钟山一带的土地神，庇佑着当地百姓的祸福安危。

唐宋之后，土地神进一步人格化，其社会地位日渐降低，也更加多元，与百姓的生活更加接近，屠夫、猎户、读书人等普通人都可以在死后充任某地的土地神。例如山西宁武地区流传有肉身土地的故事。

宁武当地多虎，常常吞吃附近村落的村民。在城外有一座土地庙，据当地人讲，这些老虎吃人前都会事先禀告土地爷，得到土地爷的允诺后才会拦路吃人，如果没有土地爷的命令，这些老虎是不敢吃人的。附近有位樵夫怀疑这种说法，于是晚上藏身于土地庙，暗中观察其中原委。半夜时，他恍惚之间看见一只老虎来到土地神前求吃活人。土地神说："明天有一位手持竹杖的白发老翁，他寿数已尽，你可以吃他。"老虎听后连连磕头感谢土地神。第二天，樵夫来到山中砍柴，果然看见一位手持竹杖的白发老翁，正要和老翁打招呼时，忽见一只老虎直扑向老翁，樵夫

大声喝止想救下老翁，却为时已晚，老翁命丧虎口。晚上樵夫留宿土地庙内，又看见一只老虎向土地神请求吃人之事。土地神说："明天有一位穿白色衣服的妇女路过此地，她身上还背着一个小孩儿，她们二人都命该死亡，你可以吃掉他们。"老虎连连叩谢。听到这里，樵夫十分生气，夜不能寐。第二天早上，樵夫召集众人，把自己的所见所闻告诉了大家，然后带领众人来到土地神前，数落道："你受当地百姓供养，应该庇佑百姓，为民除害，如今却为虎作伥，危害百姓，人虽死于虎，事实上却是被你所害！你还算什么神灵啊？这个位置还是让给我吧。"说完之后，樵夫就用手里的扁担砸毁了神

像，而后樵夫摄衣登座，端坐而逝。村民们感到惊异，就用金漆把樵夫的肉身装饰一新，尊为"肉身土地"。自樵夫成神后，当地的虎患遂绝，偶尔有人入山遇见老虎，只要高呼"土地救我"，老虎就摇尾贴耳离开，再也没有遇害者。

在唐宋时期，民众对土地神还有一个认知，即凡是有土地的地方就都有土地神，不同的地方有不同的土地神，例如翰林院及吏部以唐代大文学家韩愈为土地神，杭州太学所在空间则以岳飞为土地神。这种认识直接造成了土地神的世俗化，让神与现实社会中的人们几乎没有什么区别。宋代晚期，土地神的形象逐渐趋向稳定化，这种形象的出现与我国当时是农业社会有关。在传统农业社会中，生产经验丰富的老者更容易受到人们的尊重，具有更高的权威，因此，面如重枣、须发银白、身着白色长袍、慈眉善目

| 平遥土地庙内年轻的土地神 |
崔梦媛 摄

的老翁就成为土地神的流行形象。

　　明朝时期，官方对民间信仰中的诸多神灵进行整顿，土地神的地位以及形象更加弱化，据说这与朱元璋的某次出行有关。朱元璋当了皇帝之后常常私服出访。有一次他在南京偶遇一位监生，二人相谈甚欢，于是就相约到酒店喝酒，但店里人

|水边的土地庙|
王素珍 摄

|太原市晋源
区店头村土地
神龛|

多嘈杂，二人只好到土地庙内喝酒聊天。庙内没有喝酒的地方，朱元璋就把土地神的神位移至地上，并把祭祀土地的条几当酒桌使用。喝完酒之后，监生想把几案挪回原处，但条几却无法挪动。监生晚上睡觉时梦见土地神告诉他，白天与他喝酒的人乃太祖皇帝，皇帝将土地神的神位挪至地下，那么土地神的神位就只能安置在不起眼的地下。于是后世祭祀土地神都不再在高处设置神位。

| 平遥土地庙内把酒言欢的土地神 | 崔梦媛 摄

土地神位由桌上移至桌下，其身份自然也发生了变化，更加低下卑贱，民众对其态度也更加慢待甚至不尊重。例如山西太原地区的土地爷就没有专门的神庙，而是被安置在街门对面的照壁下部，或门道右侧的墙壁下部。其居所也大多是高、宽、深均不盈尺的一个小洞洞，这个小洞洞内既无神台也无供桌，土地爷爷（有的还供土地奶奶）就立在地上。

明清后期，土地神的形象被不断丑化，他们不仅相貌丑陋，身材短小，还蠢笨无能，"老、矮、丑、小"成为当时土地神的流行形

象。《西游记》中的土地神形象就是如此，他时常被孙悟空玩弄、戏骂、训斥、命令，成为一位对世事百般无

| 土地庙 |

王素珍 摄

|平遥土地庙内的土地神|
崔梦媛　摄

奈而唯唯诺诺、忍辱负重的可怜小老头儿。甚至这些土地神还被霸占当地的妖魔鬼怪欺负，以致悟空心生不满，连连责怪这些土地："你不怕老孙，却怕妖怪！"

明清时期，土地神的形象还有一个显著变化，土地神由原来的孤身一人变成两个人，他身边总有一个与他相亲相爱的土地婆（又称土地奶奶），夫妻俩如影随形地出现在世人面前。据说土地公与土地婆能朝夕相处，与唐代大文学家韩愈有关。

韩愈在侄子韩湘子的度化下得道成仙，但舍不得自己的老婆，于是在升天之前问："我一个人上天的话，你婶婶怎么办？"韩湘子就告诉他，如果做地位低下的土地公就能带老婆上任，免除不能见老婆的相思之苦。于是韩愈为了能每日见到自己的老婆，就主动要求做神职低微的土地神。于是后世的土地公身边总伴随着土地婆。

与土地公一样，土地婆的神职同样卑微，容易被人亵渎。

传说某地有土地庙与马神庙，但土地庙中有土地公与土地婆，马神庙中仅有翩翩少年般的马神，有好事者认为，土地公是老翁，不应该有美丽的妇人与其朝夕相对，马神年少，正是与美妻朝夕相伴的年龄，于是便擅做主张地将土地婆的神像搬至马神庙。

原先，土地祠都奉祀土地公和土地婆，但是现在许多土地祠都只有土地公，不再奉祀土地婆了。这是为什么呢？

据说古时候，土地祠中同时放着土地公和土地婆的塑像。土地公很仁慈，每天笑容满面，对人们总是有求必应；土地婆很自私，每天板着面孔，对人们总是不理不问。有一天，一个穿着破衣服、面色憔悴的人来到土地祠中祭拜，向土地公的塑像祈求说："土地公啊，我为什么总也富不起来？为什么连饭也吃不饱？求求你，赐给我一些钱吧！"土地公看到他面黄肌瘦，很同情他，就想给他一些钱。没想到土地婆突然开了口："不行！如果穷人都来求财，你的财

产全部分给他们，那么，当我们女儿出嫁时，会连抬轿夫都雇不起。不行！不行！"土地婆凶巴巴的，不允许土地公赐钱给穷人，土地公没法子，只好对穷人说："你回去吧。以后你只要努力工作，我就会在暗中保佑你，让你得到你应得的财物，不再过苦日子。"又有一次，一对夫妇来土地祠祭拜，点起香，说："土地公、土地婆，请赐给我们福气，让我们世世代代都享福。"土地婆不等土地公开口，就先大声嚷道："不行！如果大家都来求福，你把福气全分给他们，我们自己就没有多余的福气了。不行！不行！"土地婆恶狠狠的，说什么也不愿意赐福给别人，土地公没法子，只好对那对夫妻说："你们

|土地神像|
王素珍 摄

回去吧。以后你们只要诚心做善事，我就会在暗中保佑你们，使你们得到应得的福分的。"从此以后，大家都知道土地公的仁慈和土地婆的自私了，所以百姓只盖土地祠奉祀土地公，没有人再奉祀土地婆了。

在我国东南沿海地区，土地神又被尊称为"福德正神"。

传说"福德正神"原先叫张福德，是一位收税官，他非常爱护百姓。如果百姓一时缴不出税，他就会宽缓些日子。要是有人真的没有能力缴税，他就自己拿钱贴补。百姓遇到困难，他也会尽自己的力量去帮助他们。每天就见他流着汗，在田埂

|路旁的土地庙|

王素珍　摄

间、市街上奔来跑去，为人们的事情忙碌。

张福德死后，新任的税官很坏，不但催逼百姓纳税，更时常虐待他们。没过多久，大家感到痛苦万分，实在受不了了。于是有人说："如果张老爷还在，那该有多好！"大家都非常想念张福德的好处，就决定为他立个祠，让他像神灵一样保护大家。他们在田野中风景最好的地方为张福德和张夫人建了一座小小的祠庙，尊称他为"福德正神"，于是他就成为当地的土地公了。百姓们常去土地公祠烧香祭拜，向土地公祈求庇佑。他们望着土地公的塑像，仿佛又见到张福德生前奔来跑去的模样。

土地神作为掌管一方的小神，是神仙中级别最低的，俗话说："别拿土地爷不当神仙。"他作为地方保护神，与所管辖域内每一个人都息息相关，即"土产无多，生一物栽培一物；地方不大，住几家保佑几家"。本区域内的土地神首先要保佑本乡本土内所有住户家宅平安，添丁进口，六畜兴旺，还要为百姓主持公道。辖区内的地盘安宁与土地神有关，人们如果在办事之前不事先跟土地神汇报，给他一定报酬的话，他会不闻不问，任鬼胡来。所以人们从事与土地有关的工程前，必须先祭土地神，祭毕才可破土动工。当工程结束之后，还要举行盛大的"谢土"仪式，感谢土地神庇佑。目前社会上流行的奠基以及竣工仪式都是

这种土地信仰的遗留。

过去人们认为土地公与土地婆还可以送子，护佑家中孩子顺利成长。有些地方如果家中在过去的一年生了小孩，就要在第二年新春期间抬着土地公与土地婆的神像游村，一方面表达添丁之喜，二来答谢二神对自家的恩赐。孩子生下之后，家人首先要到村里的土地庙里给孩子"上户"，让土地神上报给东岳大帝，由东岳大帝决定新生儿的寿数，并写成文书，再下达给土地神保管。如果凡人不积阴德，东岳大帝若想减去此人的寿命，也必须给土地神发布命令，让土地神减去他的寿数。总之，土地神忠实地服从并执行东岳大帝的规定，协助掌管人们的生死寿数。如今在华北乡村，人死之后首先要到本村的土地庙举行"泼汤"仪式，禀告死者姓名生辰等资料，其用意就是把死者的灵魂暂时寄放在土地爷这里，由土地神押解到东岳庙，谒见仁圣大帝，根据死者生前行为，再决定其轮回的道路。潮汕地区有一种称为"报地头"的习俗。若是家中有人去世，由村中长者持白灯笼，带领死者男性后代穿孝服到土地庙汇报死者情况。到达土地庙之后，长者上香后取出年庚帖，对着神像报告说："生从地头来，死从地头去，时辰念给老爷知。"

祭祀玉皇和玉皇庙

| 祭祀玉皇和玉皇庙 |

祭祀玉皇

我国民间将玉皇大帝视为大自然的主宰，人们为了祈求风调雨顺、人寿年丰、消灾纳福，虔诚地祭祀玉皇大帝。从隋唐至两宋时期，祭祀玉皇已经成为一种民俗活动。民间祭祀玉皇主要有

| 井塘村民祭祀玉皇 |

叶涛 摄

两种方式，一种是随时随地朝天跪拜或作揖，或在家中天井前的香炉里插上一炷香向玉帝许愿或祈求护佑；还有一种是捐资、出力在名山秀景处兴建专奉玉皇大帝的殿、宫、庙，到庙宇建筑中祭拜玉皇。

民间祭祀玉皇的时间主要集中在正月初九、五月十六、腊月二十五及除夕。

正月初九是玉皇诞生的日子，民间要举行盛大的"玉皇诞"仪式。传说在远古时期有一个光严妙乐国，国王为净德王，王后称宝月光，老而无嗣；一夜梦见太上道君抱一婴儿入王后怀中，王后恭敬礼接，醒后就发觉有孕。怀孕足足十二个月，乃于丙午年正月初九诞下太子。太子自幼聪慧，长大后辅助国王，勤政爱民，行善救贫。国王驾崩，太子禅位大臣，归隐深山修道。功成经历八百劫，牺牲己身以超度众生，终于修成真道，飞升九天之上，得万方诸圣拥戴。于是统御三界，是为玉皇大帝。

但是在民间故事中，玉皇大帝却是另一副嘴脸。

传说姜子牙封神时本要把玉皇大帝的位子留给自己，但他的外甥突然从桌肚里拱出来，要求封神，还赌咒："咱舅甥俩好说，玉皇轮流坐，百年一换班，要是我哄了舅舅，日后叫我闺女也哄我。"姜子牙无奈，只得先将皇位让给他。由于玉皇大帝违背誓言，他的女儿一个个背着他与人私奔。还有另一个故事说，玉皇大帝代如来佛主事，说等如来佛办完事回来后就归还帝位。后来他贪图富贵不肯让位，由于他事先曾发誓，如果食言，就让自己的后代成为盗贼，天理昭昭，果然不爽，儿子七郎真成了无恶不作的强盗。

玉皇生于正月初九是有特殊意义的。正月为一年之初，四季之首，木气之始，一切生命因而萌发；九为数字之极尊，代表"极大、极多、极高"。一年中第一个初九（上九）为玉帝圣诞，正与玉皇至高无上的地位相呼应。正月初九的祭祀活动远较其他时间的祭祀活动更为隆重庄严。传说在这一天，各路神仙都要为玉皇隆重庆生，道教宫观内也要举行隆重的庆贺科仪，参加醮仪的道士击鼓诵经，拜玉皇忏，

和道教信徒们一起祭拜玉皇大帝，行"斋天"大礼，设素供祭玉皇，这场庆祝活动被称为"玉皇会"。自宋代开始，玉皇会便初具规模，至今仍有不少地方在此日保留着与拜玉皇相关的民俗活动。华北地区的普通百姓则抬玉皇神像游村巡街，人们祈盼通过玉皇会得到玉皇大帝的赐福，保佑全家老少身体康健，诸事平安。

闽台地区的民众称玉皇大帝为"天公"，他们于正月初九举行拜天公仪式。家家户户都要在正厅前面放置八仙桌，搭起祭坛，供桌上备神灯、五果（柑、橘、苹果、香蕉、甘蔗）、六斋（金针菜、木耳、香菇、菜心、豌豆、豆腐）、面线塔，另设清茶三杯。到了时辰，全家整肃

衣冠，按尊卑长幼依次敬香，行三跪九叩礼拜，然后烧天公金。

五月十六日是玉皇成道日，这天民众前往安放玉皇神像的殿、宫、观去祭拜玉皇。但祭拜规模要稍逊于正月初九的玉皇诞。

祭祀玉皇的另一盛大仪式是在每年的腊月二十五，民间俗称"迎玉皇"。灶神是玉皇大帝派驻各家各户的监察官，腊月二十三或二十四过小年祭灶王，人们多以麦芽糖、猪头、黄羊肉等上供，希望灶王爷在玉皇面前为自己多多美言。玉皇根据灶神的汇报情况，于腊月二十五亲率三清（即元始天尊、灵宝天尊、道德天尊）及诸天神巡视凡间，以验证各家灶君所奏之事，定来年

| 沁水湘峪玉皇庙大殿 |
郭俊红 摄

各家及各人的祸福。百姓在这日早晨在自家大门口摆案设香迎接,称之为"接玉皇"。由于这一天人们的表现都会被玉皇所见,于是百姓在这日特别安分守己,不敢争吵胡为,并争做善事以悦神降福。视察之后,玉皇在其圣诞吉日下午返回天庭,銮驾回宫之时,人间还有送驾之礼。从腊月二十五玉皇出巡,至返回天庭大约有半月之久。

农历除夕之夜也要迎玉皇,祭拜仪式同"玉皇诞"差不多。从正月初一开始,玉皇大帝接受人间的祭祀。正月初三据说是玉帝开万神大会的日子,正月十五玩龙灯、二月二龙抬头、五月初五端午节、七月半中元节等等,在许多地方传说都与玉帝有关。

玉皇庙

传说宋徽宗时期,江浙一带的富人黄汝楫用自家钱财赎回被强盗所抓的普通百姓。之后,黄汝楫梦见有黄金甲神从天而降并告诉他,因为他救活了很多人,所以玉皇赐他五子登科。后来,他的五个儿子都考中了进士。在民众的观念中,玉皇成为关心人间事务并能赏善罚恶、统管世间的神灵,他可以灭罪、消灾、赐福。在宋代,皇室首先在宫观中供奉玉皇。后来各地宫观相继建有玉皇庙、玉皇殿。随着玉皇信仰扩大化,民间也建了众多的玉皇庙、玉皇阁等,香火颇盛。在我国南方以及华北地区,即使偏僻乡村也有微型的玉皇庙存在。

玉皇大帝在民间宗教信仰中被视为最高神,为了体现其尊贵的地位,民间都将玉皇庙建在山巅,即某座山的最高处,从空间上体现玉皇大帝至高无上的地位。在庙宇内部,供奉玉皇神位的凌霄殿或通明殿常位于庙宇的最中心位置。如此种种,都体现出玉皇主宰宇宙、神力无边的至高地位。

庙内玉皇大帝的塑像或画像,至宋以后才渐渐定型。身着九章法服,头戴珠冠冕旒,手捧玉笏、端坐龙椅、粉面含威的玉皇大帝逐渐成为玉皇殿宇中标准造像。因为着重体现威仪,故玉皇姿态均以双手执笏、正襟危坐、雍容端庄的样子呈现,没有太多的变化。面部表情或粉面含威,或肃穆内敛。玉皇旁边或者是玄天上帝,或者由南、北斗星君左右分列。玄天上帝或脚踩龟蛇、披发仗剑、飒爽英姿,或身着官服、威仪四方;陪侍者是南北斗星君,南斗星君则手持如意,代表繁衍昌隆、生生不息;北斗星君则多黑面炯目,手持拂尘,掌管人间生死大事。

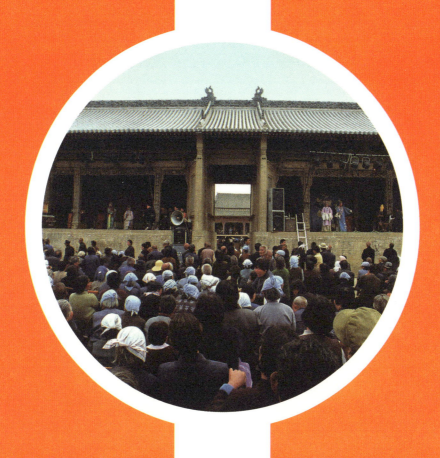

祭祀土地和土地庙

| 祭祀土地和土地庙 |

祭祀土地

因为土地载育万物，又长出五谷养育百姓，所以中国人历来尊天亲地奉祀土地。传说最早祭祀土地的是黄帝的"扫地而祭"，之后诸多的上古圣王都曾告祭土地，至西周时期已经形成了固定的祭祀仪式，即官方在国都北郊修建方泽坛，于夏至之时由皇帝亲祀。西汉武帝时期，皇家在山西万荣脽上修建了规模宏大的后土祠，由皇帝亲自到此祭祀土地之神。从西汉至明嘉靖年间，汾阴后土祠一直是皇家和官方祭祀土地神的官方场所。

明代嘉靖九年，皇帝下令在京北（今北京市东城区安定门外大街地坛公园）按照"天圆地方"的思路修建地坛，作为帝王祭祀皇地祇神的场所，每逢农历夏至或国有大事，当朝皇帝都要亲至地坛拜祭，祈求风调雨顺，国泰民安。这里是明清两朝皇帝祭祀土地神的主要场所。

祭土地不仅对于王公贵族意义非同小可，也是普通百姓一年中的大事。中国人相信"财自土中来"，因此土地神被视为财神与福神。很多人就把土地爷迎进家里祭拜。一般家庭中的在厅堂供奉的五神中就有土地神。家中没有供奉土地神的，就会在每月的初二、十六，在家门前设香案，摆放烛台、供品，进行祭拜。还有的人家会在每月初一、十五拿上供品到村头的土地庙祭拜土地神。

由于土地神被视作财神，因此商人特别热衷于祭祀土地神。每月初一、十五，或初二、十六，商家备办礼品祭祀土地神，这其中尤以农历二月初二最为隆重。是日晚上，商家将祭拜过土地神的牲礼，用来招待伙计、房东、客户和亲戚朋友，称为"造福"，有些商人还特地邀请厨师到家里制作供品，并以润饼（春卷）赠送客户。

普通百姓认为农历二

| 重修的土地庙 |

王素珍　摄

月初二是土地神的诞辰，也多于此日举行盛大的庙会活动。当日，土地庙前张灯结彩，民众不约而同到此烧香谢神，有些庙还演戏助兴，共同祝贺土地爷生日。台湾客家人则于此日带一些米、菜、鱼、肉、油、盐，到土地庙祈福。拜毕，就在庙前空地合煮杂菜、咸汤、稀饭，大家围桌而食，称作"吃伯公福"，简称"吃福"，意思是大家分享伯公福气福运。

相比较其他神灵，人们供奉给土地神的供品实在算不上丰盛，据说这与土地神的性格有关。

传说土地神最忠厚老实，他常常看到三癞子吃鱼吃肉，而自己连饭都吃不上。一次，他便问三癞子："你怎么天天有鱼有肉？我连饭都没得吃。"三癞子说："我呀，有个帽子，把帽子戴在头上，人就会头痛，他就会做好吃的给我吃。如果你要吃的，我就把这个帽子借给你用。"

土地神借了三癞子的帽子，三癞子告诉他要戴在那些骑马坐轿的人头上。一天，土地神看见一个骑马的人，就把帽子戴到马头上，马立刻痛得要命，拼命往前奔。土地神追马累得要死，却什么也没吃着。土地神把帽子取下来，把这件事情告诉三癞子。三癞子说："你要戴在没走的人头上。"一天，土地神看见稻草扎的人形，以为是没有走的人，就把帽子戴在稻草扎的人形头上，戴了几天也没有得到吃的，

| 品字舞台唱大戏 |

樊永福 摄

回来又对三癞子如实说了一遍。三癞子又告诉他："你要戴在慢慢走的人头上。"一天，一个讨饭的人在路上慢慢走，土地神认为这次看准了，就把帽子戴到这个讨饭人的头上，谁知又戴错了，当然还是没有饭吃。本来讨饭人自己都没有饭吃，哪有鱼肉给土地神吃？最后土地神只好把帽子还给了三癞子。

老百姓认为土地神很老实，一年到头总没有什么吃，就在每年的农历二月初二做点儿好吃的送给他吃。并把每年的这一天定为土地神的生日。

土地庙

土地神最初是自然崇拜，只是扫地为坛，并没有固定的场所与空间。后来，土地神逐渐人格化，人们对土地神的祭祀空间也有了要求。坟社、树社、石社、田社都是土地庙的早期形态。

随着土地神信仰的世俗化，土地庙的数量也日渐增多，明代时民间修建土地庙蔚然成风。相传这与明朝开国皇帝朱元璋出生在土地庙里有关。传说朱元璋家境贫困，其母亲不得不将其生在土地庙中，小小的土地庙因与皇帝相关，在明代备受尊崇。这种情况在清朝持续发展，清末民初时，凡有汉族人群居住的地方就有供奉土地神的土地庙，它成了我国数量最多的庙宇。北方乡村的土地庙都建在村口，而南方很多地区则将其建在村庄的东南或西南地区。有道是："土地老爷本姓韩，不住东南住西南。"至于为何将土地庙建在村庄的东南或西南地区？据传是因为土地公嘴馋，村上人家烧了好吃的，

不管刮东南风还是西南风，土地公和土地婆都能顺风闻到从村里飘来的香味儿。

土地庙虽然数量众多，但规模形制却非常简陋随意。它们大都建于树下或者路旁，以两块石头为壁，一块为顶，即可成为土地庙；还有用水泥或砖块砌成的小庙。土地庙规模狭小，据传与韩愈有关。传说韩愈在侄子韩湘子的度化下得道成仙，为了能与老婆长相厮守，于是做了地位低下的土地神，随后韩湘子给他一支箭，让他按照射箭的远近来决定其庙宇规制的大小，箭射多远的地方就盖多大的庙。韩愈是个文人，箭只射出去十步远。这一来，土地庙就只有一间独屋，非常狭窄，即所谓"土地纳福小庙蹲"。

| 简陋的土地庙 | 王素珍　摄

由于土地神神位低下，民众对其寄身的庙宇也无心照顾周全，"荒野无人风扫地，石室无光月当灯"是很多乡村土地庙的真实状况。

土地庙狭小，里面并排有泥塑或石雕的人形偶像，一般为黑袍乌帽的白发老翁，身旁伴有一老妇偶像，俗称土地公、土地婆；而有的则仅有土地公的塑像；更有简陋者仅在石块或者墙壁上书写"土地神之神位"几个大字，这些现象都说明了土地神的地位很低，在现实生活中不太受人重视。

| 土地庙 |
　　王素珍　摄

图书在版编目（CIP）数据

皇天后土 / 郭俊红编著；黄景春本辑主编. -- 哈
尔滨：黑龙江少年儿童出版社，2021.10（2022.7 重印）
（记住乡愁：留给孩子们的中国民俗文化 / 刘魁立
主编. 第十辑，民间信俗辑）
ISBN 978-7-5319-7297-6

Ⅰ. ①皇… Ⅱ. ①郭… ②黄… Ⅲ. ①神－信仰－民
间文化－中国－青少年读物 Ⅳ. ①B933-49

中国版本图书馆CIP数据核字(2021)第178999号

记住乡愁——留给孩子们的中国民俗文化　　　　刘魁立◎主编

第十辑 民间信俗辑　　　　黄景春◎本辑主编
皇天后土 HUANGTIANHOUTU　　　　郭俊红◎编著

出 版 人：张 磊
项目策划：张立新　刘伟波
项目统筹：华 汉
责任编辑：张小宁
整体设计：文思天纵
责任印制：李 妍　王 刚
出版发行：黑龙江少年儿童出版社
　　　　　（黑龙江省哈尔滨市南岗区宣庆小区8号楼 150090）
网　　址：www.lsbook.com.cn
经　　销：全国新华书店
印　　装：北京一鑫印务有限责任公司
开　　本：787 mm×1092 mm　1/16
印　　张：5
字　　数：50千
书　　号：ISBN 978-7-5319-7297-6
版　　次：2021年10月第1版
印　　次：2022年7月第3次印刷
定　　价：35.00元